JN438534

보름달은 초승달의 꿈이었다

보름달은 초승달의 꿈이었다

노진세 시집

신아출판사

▲ 시인의 말

이 책은 짧은 시 · 동시 · 성인 시를 모두 포함하는 글로 엮었다. 동시는 남녀노소 모두가 독자이다. 굳이 동시와 성인 시를 구별할 이유가 없다고 생각되어 이 책 한 권 안에 다 싣게 되었다.

특별히 짧은 시는 상상력의 극대화를 위하여 시어를 지극히 절약한, 함축적 표현 기법을 활용했다. 짧은 시를 읽고 나서 긴 여운餘韻이 남기를 기대한다.

읽기 쉽고 이해하기 쉽도록 배려하느라(?) 한 편 한 편의 글을 형상화하는 데 많은 노력을 기울였다.

여러 가지 감정의 세계에서 사는 우리는 좀 더 풍요로운 삶을 위하여, 시행착오를 거치면서도 '나(독자)' 의 진정성을 찾아내는 노력을 계속해야 할 것이다.

우리는 모두 상상력과 창조력을 더한 지혜를 발휘할 수 있을 때 전인적全人的 인간으로 나아갈 수 있다. 글을 쓰고 읽는 행위도 '나'의 정체성을 발견하려는, 지혜를 찾아가는 과정이어야 한다.

어린이로부터 어른에 이르기까지 한 편의 글 속에서 마음이 더욱 풍요로워지기를 바라는 마음 간절하다. 또한, 이 책을 대하는 순간, 너른 우주의 일원으로 존재하는 독자들에게 새로운 감동과 지혜가 움트는 성장의 시간이 되기를 바란다.

2014. 10.
노 진 세

▲ 차 례

시인의 말 • 4

짧은 글 긴 여운 • 12

가난한 부자 • 36

가정법 • 37

감꽃 • 38

감꽃이 시들 때면 • 39

개구리 울음소리 • 40

개구리 웃음소리 • 41

개나리 • 42

개나리꽃 • 43

거짓말 • 44

걸레의 향기 • 45

고사릿국 • 46

고양이의 영혼 • 47

곶감 • 48

괜찮아 • 49

그늘 • 50

그림자 • 51

꿈을 꾸어야지 • 52

'낙' 과 '낚' 이라는 글자는 싫다 • 53

내 곁에는 언제나 • 54

내 마음 • 55

너나 잘해 • 56

눈물 • 57

달빛 • 58

답답하다 • 59

도로는 불안하다 • 60

동그랗게 살아라 • 61

동틀 녘 • 62

두 개의 하늘 • 63

똥 구린내와 동심 • 64

마음속 나침반 • 65

만우절에 생각한다 • 66

맹물 • 67
모내기한 논에서 • 68
모두가 하나 • 69
목욕할 때면 • 70
무릉도원을 찾아서 • 71
물 • 72
미루나무 • 73
바람 불던 날 • 74
바보 거울 • 75
바보 생각 • 76
바위 1 • 77
바위 2 • 78
바위로 살리라 • 79
벚꽃 • 80
보리밭에 파도가 일면 • 81
봄 햇살은 • 82
봄비 • 83
봄이 오는 소리 • 84

비 오는 날 • 85

뿌리 • 86

사과 장수 • 87

사월이여 • 88

사탕을 먹으며 • 89

산이 나를 부르던 날 • 90

삶의 마지막은 • 91

새 세상 만들기 • 92

새로운 시작을 위하여 • 93

소화기 • 94

수박 • 95

숫돌 • 96

숲 속에서 찾아낸 하늘 • 97

시계 • 98

쑥떡 • 99

쓰레기장에서 • 100

아기 대추나무의 꿈 • 101

아침에 눈을 뜨며 • 102

여우비 • 103

연필 • 104

오뉴월이면 • 105

오월이여 • 106

왜 잠이 올까 • 107

우리 내일을 위하여 • 108

우주인의 한 마디 • 109

운석 • 110

의자 • 112

이름값을 하고 살면 • 113

인연 • 114

자동문 • 115

잔인한 4월, 어느 부끄러운 날 • 116

장미꽃 • 117

젓가락 • 118

제비 • 119

지구본을 거꾸로 돌리며 • 121

진공청소기 • 122

초승달은 구름 너머에서 꿈을 꾸는데 • 123

축구공 • 124

투표 다음날 • 125

투표 • 126

파란 하늘 푸른 산 • 127

평온한 밤 • 128

푸른 산처럼 • 129

하늘 조각 선물 • 130

하늘이 분노하던 날 • 131

한 마리 나비 되어 • 132

할머니는 지금 아홉 살 • 133

할미꽃 • 134

할아버지와 지팡이 • 135

휴지통 안에서 • 136

흰 구름 위에서 • 137

뒤표지 서예 작품 해설 – 春雨(춘우) • 138

개기 월식 皆旣月蝕*

직선을 벗어나야
살아나는 보름달

* 2014. 10. 8.(음력 9월 15일) 저녁에 개기 월식 현상이 일어났음.

갈대와 억새를 바라보며*

강둑을 오고 갈 때,
바람에 흔들릴 때마다
넘어지지 말자고
억세게 다짐하였다

*2014. 10. 11. 충남 서천군 한산면 신성리 금강 변에 위치한 신성리 갈대숲에서의 생각.

금연

온 누리의 푸른 신호등

집 없는 고양이

사방을 둘러봐도 조기 대가리 하나 안 보이고
가을비만 추적추적 내 뒤를 쫓으니……

날씬한 몸매 유지법

마음의 무게를 덜어내는 것

비누처럼

뼛속까지 빨아버리자

찻잔을 보며

공간空間
그만큼만 채우는구나

신문은

선과 악이 진열된 박물관

쓰레기통 안쪽은

평등하다

딱풀의 한마디

우리는 곧 하나가 될걸

책

넓다
크다
가깝다

물

뼈가 없다

행복하려면

방울토마토를 사과로 볼 수 있어야 한다

눈물

아기의 눈물이 있고
계산된 눈물도 있다

실상은

과속을 부추기는 것은
브레이크다

나이

처음과 끝을 이으려고
나이를 먹는다

분수대

물도 핏대 오르면 거꾸로 솟아오른다

진정한 사랑은

사랑한다는 말을 하지 않는다

하늘이 높다고?

먹구름을 날려버리면
눈높이에 하늘이 내려와 있다

책 속에 길이 있다?

가까운 길은 머릿속에 있고
먼 길은 가슴속에 있다

족발*이라는 말

돼지 발 한 개는 어디로 갔는가

*족발 : 족足+발

식빵에 대한 생각

콩은 식콩이고
떡은 식떡이고
밥은 식밥이겠다

도장

새겨놓은 이름만큼 단정한가

빈 봉투

종이 두 겹
참, 편안하다

전봇대

마디도 없는 것이
속도 없는 것이
키만 멀렁 컸구나

겨울

따뜻하다

허수아비

심심하겠다

생각하기 나름

장애가 있어도
장애인은 아니다

필통 속의 연필

답답하다

떠돌이 고양이

내가 도둑고양이라고?
나도 먹어야 산다

시계

수명이
너무 길다

와!

나와 너 사이에는 감탄사가 있다

신문

봄은 언제 오려나?

달력

처음은 언제이고
끝은 어디인가?

관성慣性

뛰기만 하면
쉬지 못하는 바보여

간격

빵과 똥 사이에
거리는 없다

오늘 이 시간

해와 별은 제자리를 지킬 뿐이다

대나무

폭풍에도 쉼표를 찍으며 휘어지되
부러지지 않는다

구름

변하지 않는 순간이 없다

소나기 내리던 날

줄이 땅으로 내려온다
하늘로 올라갈까

걱정

밑동은 그대로인데
가지만이 흔들린다

극기克己

바람이 흔들거든
바람의 속력으로 같이 달리자

욕심

물은 아래로 흐르건만
아파트는 솟아오르기만 한다

생각하기 나름

초복 더위쯤이야
심장을 가다듬어
겨울을 만들어라

세계 지도

바다가 그려놓은 지구의 역사

길

발자국을 남기면
다 길이 된다

보름달

둥글고 환한 것은
모서리가 없다

꽃

시들어갈 날이 있기에
피어날 때 아름답다

씽크홀 sinkhole

자나 깨나
나를 노리고 있어

포도 한 송이

둥근
한 가족

한가위 달밤

구석구석
어둠을 빛으로

어릴 적 상상

지렁이가 뱀이 되고
뱀은 용이 될걸

시낭송

신장 심장 폐장 성대가
제창齊唱으로 쏟는 절규

보름달

이 밤중에
사슴을 찾는 사자의 외눈

노래를 들으면

사랑이란 말에 어느 때라도
초록으로 움트는 4월

벽에 박힌 못

대가리는 둥글어도
감춰놓은 송곳이 있다

전자 벽시계

죽었다가 살아나도
시각時刻은 제대로다

밤이면

그 어둠이 두려워 아직도
가로등 아래를 벗어나지 못하는가?

가을 하늘은

검은 구름이 가려도
금빛 그림자를 피워낼 뿐

신문을 펼칠 때마다

웃을 일은 안 보이고
이마에 접히는 주름만 3개

화장실에서

몸속 허물은 변기로 흘려보내고
머릿속 허물은 책 아닌 책으로 채운다

가을에는

겨울이 오기 전에
시원한 날씨를 즐기노라

10월 첫날

12월까지는 석 달이나 남았는데
시들어 가는 가로수 이파리

휴지통 거울

휴지통 안의 종이에서
자랑스레 나를 만난다

내일이 안 보일 때는

백지장 같은
잠자리의 날개를 떠올린다

가을 들판에서

금빛을 가지려 하지 말고
금빛에 물들어라

망치는

못대가리를 내려칠 뿐
벽을 내려치지 않는다

봄 가을

참 짧다

여름 겨울

지질히도 길다

그늘에서

벗어나라

마지막은

또 다른 시작이다

가난한 부자

양손은 비어 있어도
달빛 별빛 반짝이는 하늘을
가슴속에 넣어두었다

옹달샘 물이 되어
이어지는 물길 위에
달빛 별빛 쏟아내며
흘러가야지

여유롭게 가난할 수 있도록
오늘도 거친 바람과 겨루기한다

가정법

화살에 날개가 있었다면
잽싸게 날지는 못할 것이다

뱀에게 발이 달렸다면
끌어당기고 밀어주며
미끄러지듯 앞으로앞으로
나아가지는 못할 것이다

나, 권력과 명예를 가졌다면
화살과 뱀 생각을 떠올리지 못하여
이 시를 쓸 수 없었을 것이다

감꽃

과자 생각이 나는 걸
나무는 어떻게 알았을까

실바람 스치면 뚝뚝, 내려앉아
마당에 흩어 쌓이던
꽃잎 돌돌 말린 감꽃 과자
감나무에서 내려온 과자 한 봉지

가게에 안 가도
새참 때 군것질로
배가 부르던 노랑꽃 과자

가을을 기다리던 감나무는 과자 공장
감꽃 필 무렵에는 날마다 배가 불렀다

감꽃이 시들 때면

벌이 앉았다 간
감꽃이 시드는 것은
감이 익어가는 가을을
기다릴 수 있어서다

꽃이 시들어야
감은 햇볕에 그을리며
푸르게 붉게 커갈 것이다

꽃이 시드는 것은
꽃이 피는 것보다
더 아름다운 일이다

개구리 울음소리

목소리 돋워
온 밤을 울어대는 개구리

같이 깨어났던
올챙이 적 형제를 만나려
애타게 부르는 소리

잊고 잃어버린 순간을 찾아내려
밤은 이다지도 고요로 시끄러웠다

개구리 웃음소리

겨울 한철
잠을 자고 깨어난
개구리들 밤새 웃는 소리
"깼어 깼어, 봄이 와서 잠을 깼어."

봄이 왔다고
깊은 밤을 지나
새벽이 올 때까지
"깼어 깼어, 봄이 와서 잠을 깼어."

아침 태양도
개구리 웃음소리에
빙그레 웃으며 부스스 깨어난다

개구리가 태양을 깨우던 봄날 아침

개나리

봄을 좇아오다
마을 어귀쯤에서
봄바람을 맞은 겨울은
이내 스러져갔다

봄이 오자
가지는 상처 난 자리마다
꽃을 피우고
꽃을 시들게 하였다

꽃진 자리 자리마다
새로 돋는 잎사귀
짙어가는 푸름
봄으로 피어오른다

개나리꽃

울타리 옆 개나리
혼자는 심심하여
가지는 가지를 붙잡고
다복다복 피어난 꽃
울타리를 넘는다

노란 종소리로
봄이 왔다고
소식을 전한다

거짓말

장날
트럭이 굴비 장사를 한다

"영광굴비 40마리
한 상자에 단돈 만 원"

아무리 외쳐도
팔리지 않는 굴비
목이 쉴까 걱정되어
한 상자 사려고 다가가다
굴비값이 싸구려라 되돌아섰다

걸레의 향기

방바닥 구석에 쌓여가던 먼지는
지나온 길 위에 버리고 온
나의 부끄러운 허물

흔적을 없애기 위하여
물걸레질할 때면
찌푸리지 않고
온몸으로 먼지를 껴안는 걸레

걸레는
더 지저분해질 수 있어야
향기를 퍼뜨린다

고사릿국

고사리와 조기에
간장을 풀어 끓인
아침 고사릿국 생각으로
입안에 침이 고이는데

고사리 음식은
귀신도 신이 나서
맛있게 먹고 간다는데

살아서도 고사릿국
죽어서도 고사릿국
힘차게 피가 돌겠다

고양이의 영혼

길 위에 널브러진
고양이의 넋 빠진 몸을 본다
몸 밖으로 내팽개친 창자와
아스팔트를 적시며 퍼져가는
붉은 피 울음소리를 본다

달리는 차량을 얕보고
앞발 뒷발만 믿고 길을 휘달리다
차량에 부딪히는 순간
육체를 벗어난 영혼이
피비린내로 얼룩진 제 주검을 보며
내뱉는 소리
"너는 이제 내가 아니다."

훨훨 날아서 멀어져가는
영혼을 보았다

곶감

깊어가는 겨울밤
곶감 한입 베어 물면
입안에 봄이 들어
감꽃이 핀다

감꽃 따라 날아온
추억 속의 꿀벌 한 마리
윙윙, 날갯짓할 때
겨울바람 속에서 들려오는
말방울 소리, 신이 나서 딸랑딸랑

옛일을 떠올리니
입이 즐겁고 귀도 즐거워라

괜찮아

"엄마, 국어 시간에 교실에서 방귀를 뀌었더니
친구들이 스컹크라고 놀려대요."
"괜찮아. 방귀가 아니라 똥을 싸도 괜찮다."

"아빠, 달리기하다 돌부리에 넘어져
무릎이 깨지고 피가 났어요."
"괜찮아. 피딱지가 떨어지고 곧 새살이 돋을 거다.
가다가 넘어지면 울지 말고 일어설 줄 알면 돼."

그렇다
넘어져 봐야 일어설 줄도 알겠구나!

그늘

여름 한낮 잠시
땡볕을 쬐어보아라
물 바람 그늘이
간절히 그리워질 것이다

뙤약볕이 내리쬘 때
한 평의 나무 그늘은
편안히 몸을 누일 수 있는
대지大地의 안방이다
그늘, 그곳에서는
게으른 꿈을 마음껏 꿀 수 있다

햇빛은 그늘을 만들지만
그늘을 지우지는 않는다

그림자

해가 뜨나 달이 뜨나
눈도 귀도 없는 것이
저녁노을이 지도록
나를 감시하는데

일어서면 따라 일어서고
달리면 따라 달리다가도
해 지고 달 지면
나를 떠나버리는 그림자
그게 내 그림자는 아니다

그런 그림자는 나를 따르지 못하게
먼 길 뚜벅뚜벅 앞만 보며 걸어야겠다

꿈을 꾸어야지

자전거를 타고
언덕길을 오르며 보았다
구름 머문 높이에서
비행기가 날고 있는 것을
도로에 바퀴를 대고 굴러가는
덤프트럭보다 크고 무거울 텐데
어떻게 공중에 떠 있지?
날개는 있어도 멈춰 있는데
저렇게 높은 곳을 날다니!

저 비행기도
땅을 박차고 날아오르는
꿈을, 오랫동안 꾸어왔을 거야

화성이나 금성에 다녀오는
우주여행의 꿈을,
서둘러 꾸어야겠다

'낙' 과 '낚' 이라는 글자는 싫다

'낙' 이라는 글자는 싫다
'낙하산' 이라는 말이 거슬려서다
뒷심이 없으니
금잔디 위에 살포시 내려앉을 수 있는
낙하산이 있을 리 없다
사방을 둘러봐도
내가 편히 앉아 있을 자리는
그 어디에도 없다

'낚' 이라는 글자도 싫다
'낚시' 라는 말이 인정머리 없어서다
배고픈 물고기가 덥석,
먹이인 줄 알고 물었는데
입안에 낚싯바늘이 박히다니!

낚싯대를 들어 올리는 순간
기댈 곳 없는 허공에서
바동거리는 물고기의 고통을
헤아려 보았는가?

내 곁에는 언제나

겨울이어도 봄은
가까이 다가와 있다

깊은 잠에서 깨어나
맑은 눈동자를 굴리며
두 손 위로 뻗으면
눈 내린 겨울이어도
내 옆엔 봄이 와 있다

내 마음

보름달은
커다란 하늘의 거울

보름달은 반달
반달은 보름달*

더 채워도 보름달
덜 채워도 보름달

내 마음 보름달 거울에 비추었을 때
달처럼 둥그런 모습 그려낼 수 있을까?

* 반달은 보름달 : 음력 15일은 한 달의 절반인 반달이다. 그날 하늘에 뜨는 달은 보름달이다. 그래서 '반달은 보름달'이라고 표현해본 것이다. (저자의 생각임)

너나 잘해

길을 걷다
주먹만 한 돌을 보고
생각 없이
오른발로 걷어찼는데

돌멩이는
"너나 잘해."
엄지발가락 멍이 들었다

돌멩이가 미워서
걷어찬 것도 아니었는데

눈물

하늘이 온종일
소나기를 내린 뒤엔
눈물샘이 마른다

비를 내려 청소를 했는데도
아직도 세상이 시끄러우면
차마 더 울 수는 없어
밤을 기다려 하늘은
제 몸 한 조각 떼어내
별똥별로 떨어뜨린다

달빛

밤이면 달빛이
어둠을 쫓아내지요

풀잎 이슬은
처음엔 꿈을 꾸지 않았어요
촉촉한 물기에 지나지 않았어요
그걸 알고
달빛이 이슬에
아롱아롱 내려앉았어요

이슬과 이슬이 밤을 새워
달빛을 받아먹고는
커다란 이슬방울로 자라났어요

답답하다

마음에 파도가 일면
파도를 따라
나도 파도가 된다

파도를 어루만지면
파도도 나를 위로하느라
철썩거리며 노래를 불러준다

2014년 어느 봄날
바다에서 중심을 잃어
흐느적거리던 배는
봄을 가득 실은 채
매정한 파도와 함께
물속으로 서서히 가라앉았다

냉정한 파도는
바다와 육지 하늘에
그늘을 드리웠을 뿐
누구도 위로할 줄 몰랐다

도로는 불안하다

철없는 자동차 한 대
다른 차 뒤를 따라가는 것은
자존심이 상한다는 듯
저쪽에서 이쪽으로
이쪽에서 저쪽으로
마음 내키는 대로 도로를 누빈다

무슨 일이 있을까
자동차는 철없이 굴러도
운전사, 철은 들었겠지

자존심이 센 자동차는
네모난 바퀴를 달아주어야
너도나도 안전할 것 같다

동그랗게 살아라

콩은 각이 없지만
두부는 각을 가졌다

칼로 두부를 자를 때면
칼은 반듯하게 날을 세우고
두부는 여러 개의 직각을 만들었다

4월인데도
불쾌지수가 높아
각진 무더운 날씨다
동글동글한 콩은 안 먹고
아침부터 두부를 먹었기 때문이다

동틀 녘

우주가 온통 까만 밤이어도
밤이 다하면 하늘과 땅으로 나누어진다

해바라기 따라 나도 마당 가에서
목을 들어 아침 해를 기다린다

날이 샜다
태양의 기운을 받아
오늘은
어제와는 다른 날이어야 한다고
막 떠오르는 해를 바라보며
두 주먹을 꼭 쥔다

거울 앞에 서보니
두 눈에서
햇빛보다 더 맑은 빛이
반짝인다

두 개의 하늘

하늘은
높고 넓은 마음이다

구름이 태양을 가리면
지구를 닦으려고
비를 내린다

하늘은 지구를
거울이라고 생각하는 거야
지구 거울 속에는
하늘이 살고 있거든

똥 구린내와 동심

불쾌지수가 높고
무더운 날씨다

지난봄 바다에서는
배가 뒤집어져 물속에 잠겼다

아이스크림으로
무더위를 달래고
잠겨 있던 아파트 문은
비밀번호를 눌렀던 것처럼
사고가 일어나지 않게 해달라고
주문呪文을 만들었다

"똥 구린내 풍기지 말고 제발 동심으로 돌아가라."
(2014.6.1.)

마음속 나침반

책을 펴놓고 있으면
내가 자라서
어떤 사람이 되어 있을까, 궁금하다

어느 날 밤
꿈속에서 하느님이 나타나
살짝 알려주면 좋으련만

그게 어려우면
내 앞길을 환히 가르쳐주는
나침반 하나 있으면 좋으련만

다른 방법이 없다
내 머리가 나침반이 될 때까지
책을 많이 읽고 많이 생각하는 수밖에

만우절에 생각한다

겨울이 가면 여름이 오고
여름이 가면 겨울이 온다
봄 가을은 어디로 갔을까?

누가
봄 가을을
숨겨 놓았을까?

봄 가을이
죄를 저질렀을까?

아무도 모르게
들로 산으로 숨어들었나?

맹물

아무 맛도 내지 않는 물
비위를 거스르지 않는 물

꿀맛도 없고
된장 맛도 없는 물
술맛도 없는 물

흙탕물이 아닌
맑고 밝고 깨끗한 물
하루도 거르지 않고
내가 마시는 물
내 몸이 되는 물

모내기한 논에서

무논에 심은
어린 모는
유치원생이다
나란히 줄 맞춰
고개를 빳빳이 들고
차렷 자세다

곁눈질 안 하고
이파리 하나
흔들림 없다

저 어린것들이
언제 철이 들어
고개 숙여 인사할 수 있을까?

비바람 견디고
병치레도 해보고
뙤약볕을 쬐고 나면
그때는 고개를 숙이겠지

모두가 하나

꽃봉오리 바라보며
마음 한 번 열면
꽃이 피어나는 것을……

마음은 닫아놓고
꽃이 피어나기만을 기다렸구나

목욕할 때면

아침마다
목욕할 때면
어제 묻어온
때를 씻어낸다

부끄러운 삶
걷어내고 나니
드러내 자랑하고 싶은 것은
하나도 없다

아침이면
새로 태어났던 나는
몇 명이나 될까?

무릉도원을 찾아서

신문을 덧칠하고
라디오도 지쳐 목이 쇠었다

선한 사람 사기 쳐 돈 벌고
빚 갚으라는 채권자를 죽이고
서류를 위조하여 없던 범죄 만들어내고
선박침몰사고로 뭇 생명이 스러지고……

가을 겨울에도
봄바람이
이 땅 구석구석을 스치게 하소서

그날이 올 때까지는
햇빛 한 가닥 들지 않는
쥐구멍 속에서, 그 짙은 어둠 속에서
바보 되어 생각 없이 살고 싶소
차라리
그곳이 나에겐 무릉도원이라오

물

둥근 그릇 만나면
둥글게
네모난 그릇 만나면
네모나게

둥근 그릇 안에서
네모가 되겠다고
각을 세우면
히말라야 꼭대기까지
바닷물이 올라가
파도가 춤을 출 것이다

아무 데서나 춤추는 것은
물이 아니다

미루나무

흙 속에 내린
미루나무 뿌리
하늘을 향하여 치솟는
줄기와 가지

바람 거칠어
가지마다 이파리 휘날려도
넘어지지 않는 뿌리의 힘

비가 오나 눈이 오나
그날그날 버텨왔다
어제도 오늘도
그대로인 미루나무
언제나 외로이 의연하구나!

바람 불던 날

나뭇잎이 펄럭펄럭
나뭇가지는 흔들흔들
줄기도 흐느적흐느적

바람과 나무가
힘자랑을 합니다
나무는 밀리다가 휘어지며
일어서기를 반복합니다

결국 바람은
두 손 들고
멀리멀리 달아납니다

나무는 생긋 웃으며
달아나는 바람을
가엾게 바라봅니다

바보 거울

거울 속의 나는
웃고 있지만
그건 모르는 소리

거울 속의 나는
울고 있지만
그것도 모르는 소리

웃으면서도 울어야 하고
울면서도 웃어야 하는
내 마음을
웃을 일, 울 일 없는 거울이
어떻게 알아!

바보 생각

엄마는
언제까지나
두 팔 벌려
나를 가슴에
꼭 안아 줄 것으로
생각했다

바위 1

눈이 오나
비가 오나
이 땅에서
천 년을 살아온
침묵이었다

닳아지고 금이 간
구석구석에
이제는 깃털 돋워
날개를 달아야 한다
멀리 높이 날아야 한다

하늘에서
지구가 돌아가는 것을 내려다보며
맑게 반짝이는 별이 되어야 한다

바위 2

쌓인 눈으로
가지 꺾인 소나무 곁에
표정없는 바위

그 위에서
뛰고 짓밟아도
오줌발 갈겨도
언제나 그대로이다

어떤 일에도
마음 머무르지 않는
뿌리 깊은 바위는
그대로가 부처님이다

"삶은 별거 아니야, 마음 빼앗기지 말고
세상살이 그냥 이대로 살아."
부처님은 나에게 화두 하나 안겨주었다

바위로 살리라

살아서도
죽어서도
바위로 살리라

바람 불고
파도가 밀려오면 어쩌랴
온몸으로 침묵하는
바위로 살리라

먼 뒷날
심장이 멎으면 어쩌랴
죽어도 살아 있는
바위로 살리라

벚꽃

꽃 이파리는
눈이 되고
봄이 되어
땅 위에 내려앉아
쌓인다
녹는다
마른다

봄날이 무르익던 날
시들어가는 꽃잎을 보고 알았다

사라질 수 있어야
새로 태어나는 것을

보리밭에 파도가 일면

봄비 젖은
보리밭
넓게 푸르다

봄바람에 취한 들판
넘어질 듯 일어설 듯
비틀비틀
긴긴 파도로 출렁인다

파도 속에서
피리리 피리리
보리피리 소리 들으면
나의 푸른 꿈은
파도를 넘나들며 넓게 자란다

봄 햇살은

겨우내 잠자던
복숭아나무를 깨운다

햇살 밝은 과수원
연분홍 송이송이 꽃이 되었다

꽃 지고 상처 아물면
어느 더운 여름날
매미 소리 섞어
가지마다 늘어지게
붉게 익은 복숭아를 매달겠지

달뜨는 밤마다
나무는 붉은 그림자를
과수원 가득 그려 놓겠지

봄비

목말랐던
개나리와 진달래에
젖을 물리는
엄마 마음으로
하늘이 가슴을 열었다

대지는
혀를 내밀어
젖을 빨아
목이 젖으면
살며시
봄을 데려온다

봄이 오는 소리

개나리, 하고 부르면
간지러워 방글거리며
꽃망울 벌어지는 봄 소리

종종종, 종달새 소리
땅 위에 내려앉을 때
나도 절로 흥겨워 노래 부른다

마음은 공중으로 솟아오르며
쑥쑥 키가 자란다

비 오는 날

높은 하늘나라도
눈물을 흘리는구나

겨울 지나
개나리꽃 피어나면
봄 노래 흥얼거리더니
덩실덩실 춤을 추더니

마당에서 뛰놀던 강아지마저
흔들리며 젖던 날
봄날이 지나가던 날

구름에 하늘이 가려지고
빗방울이 눈물이던 날
눈물을 닦아줄 이는
어디에도 없었나 보다

뿌리

지독한 어둠으로 아늑하다
어둠 속에서는 눈치 없이
사지를 편히 누일 수 있다

돌밭을 만나면 돌을 부여잡고
더 깊어져야 더 넓어져야
줄기를 곧추세울 수 있다
그래야 잎과 꽃이 피어난다

가을이 저물 때까지는
노을처럼 감이 붉게 익을 때까지는
어둠 속 검은 등대를 믿고
아래로 옆으로 내달려야 한다

사과 장수

장날
갓길에 트럭 한 대
짐칸엔 사과 상자 가득
"사과! 꿀사과! 한 상자에 만 원!
엄청나게 싸요!"
운전사는
온종일 스피커 소리로
길을 채운다
지나는 사람마다
꿀이라는 말에
침만 삼키고
아무도 사지 않는 사과
엄청나게 싸다는 사과

'엄청나게' 란 말만 안 했어도
나는 사과 한 상자 샀을 텐데…….

사월이여

올 때
네 마음대로 왔듯이
갈 때도
네 마음대로 잘 가라

나는 앞을 향하여 내달려야 하나니
길을 막지 마라
여름날 눈 내리는 것을 볼 수 없듯
다시는 눈앞에 어른거리지 마라

기억하고 싶지 않은, 보고 싶지 않은 4월이여!
안녕히 잘 가라

사탕을 먹으며

사탕은 새봄을 선물한다

이른 봄날 사탕은
온몸에 피를 돌게 하여
푸른 잎을 돋게 한다

마음에 진달래꽃이 핀다
앞산 너머에서 아롱아롱
새봄이 달려온다

앞산이 흔들 뒷산은 덩실
봄바람을 일으킨다
나도 따라 봄이 된다

산이 나를 부르던 날

산이 나를 부르던 날
그런 날 나와 산은 하나가 된다

마음이 먼저 산길을 오르면
산이 다가와 손을 내민다

같이 웃어주는 산이 있어
오늘 하루가 건강하다

산은 그렇게 침묵으로 말한다

삶의 마지막은

밭이랑마다
금빛으로 터지는
오월의 보리밭

논배미마다
금빛으로 타오르는
시월의 볏논

보리도 벼도
찬란하지 않은,
겸손한 금빛으로
마지막 삶을 태우고 있었다

새 세상 만들기

책과 돈뭉치를 쌓으면
직각이 만들어진다

가방끈이 길고
방정方正*한 사람이
잘 사는 세상이다

나는 아쉽게도 방정方正이 없다
파란 하늘만 믿고
걷다 넘어지고
일어서서 다시 걷기를 반복했다
그래도
하늘을 우러르며
동그라미를 그리고
또 그려야겠다

*방정方正 : 행동이 바르고 점잖음. 네모지고 반듯함.

새로운 시작을 위하여

뱀이 입안으로
개구리를 넣고 있을 때
개구리가 불쌍하여
뱀을 막대기로 때려죽였다

그렇게
들로 산으로 쏘다니다
오늘 산수 시험에서는
30점을 받았다

죄 안 짓고 열심히 공부하는
새로운 시작을 하고 싶다
지우개로 연필 글씨를 지우는 것처럼
지난 일을 지울 수만 있다면……

소화기

사무실 구석에 서 있을 때는
먼지만이 나를 감싸주었고
눈동자마저 빛을 잃었기에
아무도 나에게 눈길을 주지 않았어

불길이 번져 연기가 퍼지고서야
내 입을 불길 쪽에 갖다 대고
불을 끄라고 명령을 내리더군

익어버릴 것 같은 뜨거움을 견디며
오장육부 온몸을 쥐어짜
날숨만으로 한참을 견디다
삶을 끝내야 했어

나는 불을 쫓아버리는 사자였거든

수박

수박은 작은 지구
가까이 만나보면
숲이 우거져 있고
바다가 출렁인다

숲과 바다 안쪽에는
붉은 이글거림이 있다

칼로 쪼개는 순간
차디찬 불덩이가 솟구친다

맛이 참 달다
무더운 날에는 지구를 쪼개 먹는다

바람이 불어오고
파도 소리 시원하다

숫돌

나는 칼을 갈 때마다
닳고 깎여 얇아진다
내 몸 얇아지고 나서야
부엌칼은 날 세워 빛을 낸다

나와 마주치지 않은
무딘 칼로는
무마저 자를 수 없다

숲 속에서 찾아낸 하늘

전나무 우거진 숲
고개 들면 손바닥만 한
하늘 몇 조각 듬성듬성

나무로 가득 찬
낯설게 어두운
한낮의 그늘진 숲 속

나무는 하늘을 머리에 이고
다투어 손을 흔드는데

하늘은
밝고 그늘진 곳 가리지 않고
어디나 골고루 빛을 건넨다

시계

늙을 일 없고
병들 일 없고
죽을 일 없다

밥만 먹으면
한결같이 똑딱똑딱
언제나 젊은이다

세상에서 가장
나이 많은 어린이
세상에서 가장
역사를 잘 아는 학생

지치지 않고 똑딱똑딱

쑥떡

쑥을 먹는다
떡을 먹는다
봄을 먹는다

떡 속에 들어앉은
쑥국새 웃음소리를 먹는다
꿈으로 움트는
아지랑이를 먹는다
쑥을 캐던 누나의
다정한 추억을 먹는다

새봄이면
쑥 송편 생각만으로도
절로 배가 부르다

쓰레기장에서

태어나는 것은
쓰다가 버려지고
마지막엔
추억마저 부려놓고 사라져간다

살아 있을 때
저 모든 것들이
들숨 날숨 섞어가며
산길 들길 고샅에
한숨을 얼마나 부려놓았을까
느낌표는 몇 개나 그려놓았을까
웃음소리는 몇 되나 남겨놓았을까

아기 대추나무의 꿈

아기 나무는 시장에서
봄볕에 꾸벅꾸벅 졸며
새 주인을 기다린다

나무를 사려고
아저씨가 다가오자
더 초롱초롱한 눈으로
"아저씨!
오늘이 식목일이네요
저를 마당 가에 심어놓으면
가을에 온 집안이 환하도록
빨간 대추를 주렁주렁 매달아 줄게요."

오늘도 잎사귀마다
대추 씨처럼 단단한
꿈을 꾸는 아기 대추나무

아침에 눈을 뜨며

어제는
구구단 외우기 싫어
온종일 짜증만 냈다
오늘은 동녘 해처럼
웃는 얼굴로
하루를 열어야지

산수 공부 생각은
책가방 속 깊이 넣어두고
발걸음도 가볍게
뒷동산에 올라
한 마리 나비 되어
진달래꽃 산벚꽃과 함께
봄 냄새를 만들어야지

그림자도 나를 따라
울긋불긋, 훨훨
춤을 추던 날이었다

여우비

맑은 하늘
밝은 대낮
빗방울
우두둑

여우가 호랑이랑
결혼하던 날

하늘이
하하 웃으며
축하할 때
굵은 눈물
열한 방울
뚝뚝
뚝

연필

연필은
고분고분한 심부름꾼
필통 안에서는
장대가 되는 꿈을 꾸다가도
필통 문이 열리면
부스스 깨어나
손이 시키는 대로
힘들다는 말없이
또박또박 적어 내려가지요

「토기와 거북이」 이야기를 쓸 때는
헤헤 웃으며, 연필도
한참을 쉬어 갑니다

제 마음을 적은 것은
하나도 없으면서
키는 자꾸자꾸 작아져 갑니다

오뉴월이면

귀를 활짝 열어라
긴 울타리 넘는
장미 넝쿨의 함성을 들어라

마음대로 날뛰는 들개가
기죽지 않으려
소리 높여 짖어대도
귀를 닫고
구름 너머에 있을
달과 별을 찾는
장미의 붉은 소리 쪽으로
활짝 귀를 열어라

오월이여

잊자 해도 잊히지 않는
남쪽 바다의 선박 사고
2014년 4월!
이제는 부끄러운 달력을 지우자

'다 내 탓이다.'
말하지 않는 사람을 용서하자
말하지 않는 그 용기를 존경하자
용서와 존경하는 마음으로 외면하고 잊자

오월의 젊음이여!
3월의 찬란했던 봄볕을
오래오래 간직하자

푸른 싹이 날개를 펴고
마음대로 뛰고 날며 자라야 하지 않겠느냐?

왜 잠이 올까

국어책을 읽는데
스르르 눈이 감긴다
어젯밤 잠도 많이 잤는데……

시험 점수를 많이 받으려는
욕심만 있어도
졸리지 않을 텐데

점수 생각 안 하고
세월아 네월아
책을 읽으니
눈동자가 빛나며
글자를 따라 동글동글 구른다

스펀지에 물이 배듯
머릿속에 국어책 이야기가
차곡차곡 들어앉는다

우리 내일을 위하여

하늘을 땅이라고
여기지 않고
네모를 세모라고
우기지 않았다면
오늘처럼 부끄러이 고개
떨구지 않아도 될 텐데
눈앞이 더 밝아져 있을 텐데

지나버린 날들이여 손을 맞잡자
하늘이 하늘로 보일 때까지
네모가 네모로 보일 때까지
우리 훤히 트인 먼 길을
함께 달려나가자

우주인의 한 마디

사람만 다니는 길에서
두 사람이나 타고 지나던 자전거가
내 허리를 들이받고 고꾸라졌다
자전거를 일으켜 세워주자
다치진 않았느냐, 묻는 대신
"뒤를 잘 보고 다녀야지,
왜 인도人道에서 함부로 다녀."
이 한 마디를 남기고
얼굴을 감춘 채 우주로 올라갔다

맞다!
가던 길을 멈추고 가끔은
뒤를 돌아보아야 한다
이제는 망원경으로 지구를 내려다보는
우주인의 거룩한 말씀이다

운석

자유를 찾아 떠나면
지구에 드디어 내렸어

별나라에서 나는
별 볼 일 없는 부품이었어
내 마음대로 할 수 있는 일은
아무것도 없었거든

달도 뜨지 않은 밤
아무도 몰래
지구로 내려가겠다는
꿈을 이뤄낸 거야

진주 땅으로 내려와 보니
나는 진주보다 값진 별똥별이 되었어
별과 별 사이에
똥이라는 글자는 있어도

내 이름 세 글자 중에
별이라는 글자가 두 개나 있는
보석 중의 보석이거든

그렇다고 나를 뇌물로 사용하면 안 돼
금고 안에 갇혀 살기는 싫거든

의자

누군가 온몸으로
나를 짓눌러도
자존심은 그대로지요
힘들어도 그냥 웃지요
잘못한 게 없으니
벌 받고 있는 것도 아니고요

웃고 있으면
마음은 나팔꽃처럼
활짝 피어나지요

심심할 땐
지나가던 바람을 불러
이야기를 나누다가
잠깐 졸기도 하지요

나도 그렇게 쉬는 때가 있어요

이름값을 하고 살면

기다리지 않아도
이름값을 하고 살면
하늘이
별똥을 싸서라도
진주에
진주珍珠보다 값진
별 조각을
내려보낸다

인연

어느 봄날 어머니는
꽃샘바람에 흩날리는
벚꽃잎 되어
젖은 땅 위에 내려앉았네

다시 만질 수 없고 만날 수 없는
꽃잎은 흰 눈으로 쌓여가는데
마음은 허둥지둥 꽃눈 길을 걸어도
발바닥 시리고 가슴마저 겹겹이
찬바람 일던 날이었네

자동문

들어갈 생각 없어
노크를 하지 않고
망설이고 있는데도
자동으로 열리는 문

아직 안 들어갔어도
조금만 멀어지면
들어간 줄 알고는
자동으로 닫히는 문

눈 맞춤 한 번 없이
로봇처럼
어째서 저리도
냉정한 가슴일까

잔인한 4월, 어느 부끄러운 날

2014년 4월
어느 날 아침
남쪽 바다에서
여객과 화물을 실은
선박이 중심을 잃어
물속에 가라앉았다

그해 봄은
흐드러지게 피었던 꽃도
꽃이 아니었다
꽃향기도
꽃향기가 아니었다

내가 꽃이 될 수 있어야
꽃은 꽃이 되었다

장미꽃

오월 어느 날
울타리만 넘으면
꽃을 피울 수 있다고,
오래도록 기다리던
자유가 있다고,
고개를 세운 장미 넝쿨

금방이라도 장미 가시 드러내며
불타는 아우성 뿜어내려
목울대 세운다

젓가락

가족이 식탁에 둘러앉아
삼겹살 고기를 먹는다

젓가락 두 개가 나란히 나란히
내 입에서 고기가 있는 곳까지
한 개의 지름길을 낸다

김치를 집을 때면
젓가락 두 개의 끝이
서로 밀어주며
하나가 된다

네 명의 식구가
식탁에 둘러앉으면
우리 가족은
하나가 된다

나와 젓가락도
마음을 모아
하나가 된다

제비

처마 밑 제비 둥지는
주인을 잃은 지 오래다

둥지를 벗어나면
미끄러지듯 고샅을 날던
그 많던 제비는 지금
어디에 있을까?

제비 소식이 궁금하여
우체국에 다녀왔다
건물 벽에 붙어 있는
빨간 제비 모양만 보았을 뿐
우체국 직원 누구도
제비 주소를 모른다

꿈에 본 제비 한 쌍
고향 집 빨랫줄에 앉아
"지지배배 지지배배"

다정히 속삭이는데

소식이 궁금하여도 주소를 알 수 없어
우편엽서를 보내지 못하는데
둥지만 외롭게 말라가는구나

지구본을 거꾸로 돌리며

손가락으로
지구본을 돌려본다
동그란 지구 위에
햇볕이 놀러 왔다가
밤이 되면 되돌아간다

바닷물과 강물은
엄마 품인 양
지구본에 꼭 안겨 흐르고 있다

엄마 품이 그리운
한 살짜리 아기로
돌아갈 수 있을 것 같아
지구본을 거꾸로 돌려본다

진공청소기

위와 창자도 없으면서
먼지 하나하나까지
남김없이 먹어 배를 채운다

똥 쌀 줄도 모르니
배불뚝이 될 때까지
안으로 속으로
채우기만 한다
나중에는 먹이를 주어도
시큰둥하며
아예 눈을 감고
꿈나라로 여행을 떠난다

때를 놓치지 않고
포기하는 것도
살아가는 방법이구나

초승달은 구름 너머에서 꿈을 꾸는데

한밤중
어둠도 개구리도
고요히 잠을 자고
비만 내리는데

구름 너머엔
유월의 초승달이
반달을 향하여
자라고 있을 텐데

머지않아
보름달이 되려는
꿈으로 이 밤을
지새우고 있을 텐데

나도
밤낮 가리지 않고
어서어서 자라나는
꿈을 꾸어야지

축구공

축구 경기를 볼 때면
어느 쪽이 이길 것인지
저울질부터 한다

공이 골문 안으로
들어가기는 할까
몇 개나 들어갈까
공이 어느 쪽으로 튀어 나갈지
알 수 없어 공을 따라
눈동자를 반짝이며
참새 가슴이 된다

나는 지금 가야 할 방향으로
제대로 튀어 올라
알맞은 속력으로 굴러가고 있을까
어른이 되었을 때
그때는 답을 알 수 있겠지

투표 다음날

뽑힌 사람은
"아침 바람 참 시원하다."
온종일 생글생글
밥맛이 꿀맛이란다

떨어진 사람은
밤새 잠 못 이루고
날은 밝아 오는데
일어나지 못하고
"이 세상이 정말 나를 몰라주는구나!"
끼니때가 되어도
밥 생각을 놓았단다

때로는
세상 민심이 사람을 쥐락펴락!

기쁨도 슬픔도 분노도
다 내 것이 아닌 것을

투표

하늘과 땅이
지켜보는 가운데
나와 후보자 간
뜨건 심장을 담보로

약속을 지켜라!
약속을 지키겠다!
두 눈 크게 뜨고
손가락을 거는
순간이다

파란 하늘 푸른 산

어느 봄날 밤 꿈속에서
소복이 눈 쌓인 겨울을 보았어요

파란 하늘은 겨울을 멀리 쫓아버렸어요
들판에선 싹이 돋고 꽃이 열리더니
풍성한 가을을 안겨주었어요

푸른 산은 더 푸르러져
파란 하늘을 가볍게 받쳐 듭니다

나도 푸른 산처럼 자라나면서
힘차게 손을 뻗어
하늘을 더 높이 들어 올리렵니다

평온한 밤

노을이 지면
세상은 한 개 검은 바위다

무엇이 귀하고
무엇이 천하랴

홀로
바위 위에 앉아
바위가 되려
온 밤을 뜬눈으로
지새우리

내일은
하늘이 좀 늦게
열려도 좋으련만

푸른 산처럼

해는 기울고
산 너머 노을 지면
온 세상은 어둠뿐
이부자리 챙길 것 없다
언덕을 베개로
포근한 어둠을 이불 삼아
몸을 누이면
나도 편안한 산이 되더라

동산에 해가 떠올라도
모른 채 그냥
긴긴 꿈속으로 빠져들자

푸른 산처럼
오월의 싱싱한 꿈을 꾸자

하늘 조각 선물

하늘 조각 오려내어
보자기에 싸두었다

이 세상 모두가
하늘이 될 때까지
발길 닿는 곳곳마다
하늘 한 조각씩
내려놓고 와야겠다

내가 별이 되어야
하늘도 기꺼이
친구가 되어줄 것이다

하늘이 분노하던 날

소나기가 내리던 날
하늘이
성질을 부렸다

"우르릉 쾅쾅 번쩍 착"
허공이 부서진다
허공에 불났다

벼락을 쳤던 그날은
어떤 일로 하늘이
그렇게 분노하였을까?

하늘이 다른 일도 많을 텐데
분노를 벼락으로 다스렸던 그날은
하늘이 작아 보였다

한 마리 나비 되어

중간고사 시험 끝나던 날
친구랑 교문을 나서는데
아빠는 교문 앞에서
나를 부르셨다
아빠는 나와 친구를
피자가게로 데리고 가서
피자 한 판 시켜주고
바쁘다며 회사로 가셨다

배가 고팠던 친구는
피자를 맛있게 먹고 나서
엄지손가락을 치켜세우며 외쳤다
"너희 아빠 짱이다."

친구의 그 말에 나는
맨드라미꽃 위에 앉아
사뿐사뿐 날개 흔드는
노랑나비가 되었다

할머니는 지금 아홉 살

하짓날 할머니한테
하지감자를 쪄 드렸더니
"동지가 돌아오면 고구마를 쪄 주어,
그걸 먹어야 나이를 한 살
더 먹고 열 살이 되거든."

가끔은 맨정신이 돌아와
시집살이 적 일을 기억해내고는
웃다가도 눈물을 훔치시는 할머니
나보다 더 젊은
아홉 살, 우리 할머니

할미꽃

따뜻한
대낮을 기다려
어김없이
해만 따라다니는
해바라기처럼은
살지 않겠다고

온종일
고개 숙여
다짐하신다

할아버지와 지팡이

할아버지가
지팡이랑 다정하게
길 건너신다

서로 몸을 기댄 채
두 손 맞잡고
세 발이 흔들리며
봄나들이 가신다

어디를 가도
지팡이가 있어
할아버지는 외롭지 않았다

휴지통 안에서

버림받은 것들
순서대로 휴지통에 쌓여간다

활짝 웃으며
손바닥을 닦아주었던
화장지
잊지 않으려 글을 썼던
볼펜과 메모지
입속을 달콤하게 해주었던
과자 봉지

제 할 일 다 하면서 살아왔기에
휴지통 안에서도
자랑스러웠던 시절을 떠올리며
버림당하는 것은 끝이 아니라
다시 태어나기를
기다리는 것이라고
서로 위로해준다

흰 구름 위에서

가고 싶은 곳으로
훨훨 떠나는
흰 구름은
내 꿈속의 돛단배

들판 위를 지날 때면
햇빛을 가릴까 봐
서둘러 서둘러서
노 저어 간다

흰 구름 위에 서서
아래를 굽어보니
세상이 아득히 발아래다

꿈에서 깨어나 보니
책상 위에 교과서만
수북이 쌓여 있었다

春雨(춘우)

雪泉 安 省(설천 안 성)

霢霂知時節　廉纖逐曉風　簷間蛛網濕　階下燕泥融
着柳涳濛綠　催花蓓蕾紅　一犂敷土脈　喜色屬田翁
(맥목지시절　염섬축효풍　첨간주망습　계하연니융
착유공몽록　최화배뢰홍　일려부토맥　희색속전옹)

가랑비 제철을 알아
부슬부슬 새벽바람에 날리고
추녀 끝에는 젖은 거미줄
뜰 아래에 녹은 제비 진흙
버들에는 희부연 녹색이 물들고
꽃봉오리는 붉음을 재촉하는데
한 쟁기로 나누어진 흙 줄기는
시골 농부의 기쁨이라.

보름달은 초승달의 꿈이었다

인쇄 2014년 11월 03일
발행 2014년 11월 07일

지은이 노진세
발행인 서정환
펴낸곳 신아출판사

주소 전북 전주시 완산구 공북 1길 (태평동 251-30)
전화 (063) 275-4000 · 0484 · 6374
팩스 (063) 274-3131
이메일 sina321@hanmail.net , shina2347@naver.com
출판등록 제465-1984-000004호
인쇄 · 제본 신아출판사

ISBN 979-11-5605-146-6 03810
값 8, 000원

이 도서의 국립중앙도서관 출판시도서목록(CIP)은 서지정보유통지원시스템 홈페이지(http://seoji.nl.go.kr)와 국가자료공동목록시스템(http://www.nl.go.kr/kolisnet)에서 이용하실 수 있습니다.(CIP제어번호: 2014031714

Printed in KOREA